Das Wohlstandsbuch

Wie man die eigene Macht aktivieren kann, um zu Erfolg und Fülle zu gelangen

von Oriana Casale

Oriana Casale

Das Wohlstandsbuch

Wie man die eigene Macht aktivieren kann, um zu Erfolg
und Fülle zu gelangen

Impressum

Hinweis: Das vorliegende Buch ist sorgfältig erarbeitet worden. Dennoch erfolgen alle Angaben ohne Gewähr. Die Autorin kann für eventuelle Nachteile oder Schäden, die aus den im Buch gegebenen Hinweisen resultieren, keine Haftung übernehmen.

Bibliografische Information der Deutschen Nationalbibliothek:
Die Deutsche Nationalbibliothek verzeichnet diese Publikation in der Deutschen Nationalbibliografie; detaillierte bibliografische Daten sind im Internet über http://dnb.dnb.de abrufbar.

© 2019 Oriana Casale   oriana@mindsetportal.de

www.mindsetportal.de

Korrektorat: Michaela Marwich
        ela.marwich@gmx.de
weitere Mitwirkende:
Covergestaltung: Yari Rossetti
        hi@indegra-design.com

Herstellung und Verlag: BoD – Books on Demand, Norderstedt

ISBN: 978-3-7504-1953-7

Unsere tiefste Angst ist nicht, ungenügend zu sein.

Unsere tiefste Angst ist, dass wir über alle Maßen kraftvoll sind.

Es ist unser Licht, nicht unsere Dunkelheit, was wir am meisten fürchten,

Wir fragen uns, wer bin ich denn, um von mir zu glauben,

dass ich brillant, großartig, begabt und einzigartig bin?

Aber genau darum geht es, warum solltest Du es nicht sein?

Marianne Williamson

1. Kapitel   über mich

Zuerst werde ich dich einfachheitshalber duzen. Das ist keine
Respektlosigkeit, sondern es soll eine Verbindung zwischen uns
aufbauen, damit die Arbeit besser klappt.

Wie komme ich dazu, dieses Buch zu schreiben? Die Buchbranche ist
voll davon, ›Erfolgsstrategien‹, ›Erfolgsgarantie‹, ›Erfolgsformel‹,
›Werde Reich‹ und wie sie noch alle heißen …

Überall wo man hinschaut, gibt es bereits Werke zu diesem Thema,
also warum auch noch dieses Buch?

Weil es nicht über den Erfolg anderer Menschen spricht, sondern es ist
ein Arbeitsbuch, um den eigenen Wohlstand, Erfolg, Gesundheit zu
verbessern. Kurzum:

*Es hilft dir das Leben zu kreieren, das du dir wünschst, das Leben, das dir vom
Geburtsrecht zusteht.*

Deshalb werde ich auch nicht über mein Leben schreiben, nur darüber,
wie ich dazu gekommen bin dieses Buch zu schreiben, denn ich
möchte, dass du dich nicht wie ich fast ein ganzes Leben lang auf die
Suche machst.

Denn genau das habe ich getan. Ich habe tausende von Positivbüchern,
›The Secret‹, die Bücher von Dr. Murphy und so weitergelesen und
mich an deren Anleitungen gehalten.

Doch anstatt mich an der Fülle und Gesundheit zu erfreuen oder mich im Erfolg zu sonnen, war Mangel in all meine Lebenslagen. Sicher, ab und an habe ich mal gut verdient, aber manchmal war meine Frage: Rechnung zahlen oder für meine Familie einkaufen? Klar wofür ich mich entschieden habe, ich konnte ja schlecht meine Kinder verhungern lassen.

Dadurch habe ich natürlich Schulden angehäuft ... noch mehr Mangel entstand ... Aber bitte, es waren keine Genussschulden wie schöne Sachen kaufen und dann nicht bezahlen, doch Schulden sind Schulden, egal wie.

Doch wie kommt man aus diesem Kreislauf heraus? Meine Gesundheit hielt mich auch noch davon ab, normale Arbeiten anzunehmen. Ich habe einen Beruf, in dem man sich auch gut selbstständig machen kann. Nur: Ich hatte damals ein Händchen dafür, mir immer die richtigen Betrügerinnen an Land zu ziehen. Gutgläubig wie ich war, hatte ich gedacht: Warum sollte mich jemand betrügen, wenn ich selber nicht betrog? Aber es war so, und am Ende stand ich wieder mal, ohne Auto da ... ohne Geld und mit Schmerzen.

Hätte ich doch ..., ging es mir durch den Kopf. *Ich bin auf jedem Gebiet ein Versager*, war ich fest überzeugt.

Eigentlich bin ich kein negativ veranlagter Mensch, an und für sich denke ich immer positiv. Aber warum kam ich nicht weiter?

Mir war bewusst fehlerhaft zu sein, und auch, dass ich etwas ändern musste. Aber ich dachte doch positiv, oder?

Klar, wenn wieder mal eine Rechnung kam, machte ich mir Gedanken, mein Magen zog sich zusammen und ich hatte schlaflose Nächte, denn auch wenn ich positiv dachte, die Rechnungen bezahlten sich nicht von alleine. Woher sollte das Geld denn kommen, wenn ich nicht arbeitete? Dass das ein destruktiver Glaubenssatz war, war mir nicht bewusst.

Positiv denken und positiv sein, sind zwei verschiedene Sachen. Positives Denken schließt auch positive Gefühle ein. Ich befand mich in einer Spirale und wusste nicht, wie dort herauskommen sollte. Ich dachte, wenn ich was tue, dann kommt auch das Geld.

Doch es kam gerade das herein, was uns nicht verhungern ließ.

Alleinerziehend, obwohl einige Männer an meiner Seite waren, übernahm ich die volle Verantwortung für meine beiden Söhne. Das war auch gut so.

Aber ich hatte auch keine guten Partner, hier zeigte sich mein Mangel an Selbstliebe.

Und da ich, als emanzipierte Frau mein eigenes Geld „verdiente", brauchte ich es auch nicht von einem Mann. Also hatten die Männer kein Geld oder sie gaben es nicht für mich aus.

Ich sagte auch immer wieder: „Ich brauche kein Geld von einem Mann."

Wie viele Frauen sagen das immer wieder? Und staunen, wenn die Freundin mit einem Mann kommt, der ihr große Geschenke macht, sie auf Reisen einlädt. Und schauen zu dem Mann an unserer Seite, den wir sogar auf einen Kaffee einladen müssen. Tief in meinem Inneren wollte ich auch gerne eingeladen werden usw., das ist doch unsere

Natur. Das heißt ja nicht, dass man sich gleich hinsetzt und nichts mehr tut. Aber die Glaubenssätze kennen den Unterschied nicht.

Es geschehe nach deinem Willen.

Das Einzige, was mich auszeichnet: Ich bin immer ein Stehaufmännchen gewesen (sagt euch das nie!!!)!

Doch diese ganze Suche, das ganze Auf und Ab (fallen und aufstehen) macht müde, depressiv und irgendwann auch lustlos und krank sowieso. Zu der Fibromyalgie mit ihren Folgen kam letztendlich auch noch eine halbseitige Gesichtslähmung. Das hinderte mich noch mehr, jetzt war ich richtig hässlich und noch weniger wert.

Wer nimmt mich denn überhaupt noch? Dass niemand wirklich kam und blieb, war wohl klar.

Als Kind war ich gut mit der geistigen Welt verbunden, doch alle meine Schicksalsschläge führten mich weit in die entgegengesetzte Richtung. Trotz spiritueller Schule und allem Möglichen, was ich tat, es war immer nur der gleiche Kreislauf. So entfernte ich mich von meinem Sein. Und als dann in meinem Leben wirklich etwas Dramatischen passierte, beschloss ich mit der geistigen Welt, Gott und allem Spirituellen abzuschließen. Denn:

Warum bekam ich keine Hilfe?

Weshalb lief ich immer gegen die Wand?

Ich hatte keine Lust mehr, auf nichts. Aber irgendwie ist aufgeben nicht meine Option. Ich war zwar lustlos, aber mir war klar, dass, wenn ich nichts tat, wäre meine Zukunft alles andere als gut. Und als Bettlerin vor meinen Söhnen stehen wollte ich erst recht nicht. Sterben würde auch gehen, aber lieber auf natürliche Weise, was für ein Vorbild wäre ich sonst für meine Söhne?

Diesen Gefallen bekam ich erst recht nicht, wusste ich doch.

Aber was sollte ich ändern, wo lag mein Problem? Karma? Voodoo? Irgendwelche Flüche?

Ich fühlte mich sehr einsam und verlassen.

Aber eines Tages verstand ich etwas, das mich mit Gott wieder aussöhnte.

Wer kennt nicht dieses wunderbare Gedicht ›Spuren im Sand‹?

Eines Nachts hatte ich einen Traum:

Ich ging am Meer entlang mit meinem Herrn.

Vor dem dunklen Nachthimmel erstrahlten, Streiflichtern gleich, Bilder aus meinem Leben.

Und jedes Mal sah ich zwei Fußspuren im Sand,

meine eigene und die meines Herrn.

Als das letzte Bild an meinen Augen vorübergezogen war, blickte ich zurück.

Ich erschrak, als ich entdeckte, dass an vielen Stellen meines Lebensweges nur eine Spur zu sehen war.

Und das waren gerade die schwersten Zeiten meines Lebens.

Besorgt fragte ich den Herrn:

„Herr, als ich anfing, dir nachzufolgen, da hast du mir versprochen, auf allen Wegen bei mir zu sein. Aber jetzt entdecke ich, dass in den schwersten Zeiten meines Lebens nur eine Spur im Sand zu sehen ist.

Warum hast du mich allein gelassen, als ich dich am meisten brauchte?" Da antwortete Er: „Mein liebes Kind, ich liebe dich und werde dich nie allein lassen, erst recht nicht in Nöten und

Schwierigkeiten. Dort, wo du nur eine Spur gesehen hast, da habe ich dich getragen."

Auf einmal machte es klick bei mir, denn ja: ER hatte mich getragen, wie sonst hätte ich das alles ertragen können? Er allein gab mir die Kraft weiterzumachen, meinen Mut nicht zu verlieren.

Ich bin so dankbar, denn hätte ich IHN nicht an meiner Seite, wo wäre ich jetzt? Und es ist egal wie man IHN nennt, Universum, die Quelle, Gott. Eins ist sicher: Er ist *LIEBE* …

Also ging ich wieder auf die Suche. Bat innerlich um Hilfe und um den richtigen Weg … so kam ich zu Kurt Tepperwein, Anne Vonjahr, Tel Swan und einigen mehr und auf Facebook stieß ich auf die Werbung von Damian Richter. *Schaden kann es nicht, sich eines seiner Webinare anzuschauen*, sagte ich mir. Sofort beim ersten Mal meldete ich mich an, um an sein Level Up-Event teilzunehmen. Ich war fest entschlossen, meinem Leben endlich eine neue Richtung zu geben.

Ich bekam von allen Seiten etwas anderes erzählt: Zu so jemandem gehst du … bestimmt ist es eine Sekte usw.

Als der April kam, ging es mir schlecht, also sagte ich ab … in der Hoffnung mein Geld zurück zu bekommen und das Ganze dann zu vergessen.

Doch man hatte andere Pläne mit mir, denn als man das Ticket nicht zurücknahm, war ich irgendwie doch gezwungen hinzugehen. Ein für mich so teures Ticket verfallen zu lassen – nie im Leben.

Das war wohl die beste Entscheidung so far!

Da wurde mir bewusst, welchen Fehler fast alle machen. Vor allem aber, woran ich gescheitert war.

2. Kapitel Glaubenssätze und Regelwerken

Wenn wir geboren werden, sind wir noch frei von Glaubenssätzen, Regelwerken und Formeln.

Natürlich gibt es auch ein Schicksal, eine Lebensaufgabe, eine Erfahrung, und das bringt dich zu der Familie und Umgebung, in der du geboren wirst, um genau diese Erfahrung zu machen. Und so nimmt dein Leben seinen Lauf.

Kinder lieben ihre Eltern bedingungslos. Also übernehmen und glauben sie alles, was ihnen die Eltern vorleben. Wenn die Eltern hart arbeiten, lernt das Kind, dass man für Geld hart arbeiten muss.

Wenn die Kinder sich nicht geliebt fühlen, werden sie später Selbstwert-Probleme bekommen.

D.h. in den ersten Jahren werden wir von Eltern, Großeltern und andere Familienmitgliedern geprägt.

Wir sind offen und voller Vertrauen, nehmen alles wie ein Gefäß auf und füllen es.

Wir füllen das Gefäß, mal mit dienlichen, mal mit weniger dienlichen Glaubenssätzen und Regelwerken. Danach kommt der Kindergarten, Schule, Freunde, Medien usw., die die weitere Prägungen durchführen. Dementsprechend führen wir unser Leben.

Leider ist es so, dass die meisten destruktive Glaubenssätze mit sich schleppen und so wird unser ganzes Leben ein Kampf um Liebe und Wertschätzung.

Es wurden uns Lügen über Lügen aufgetischt, die wir nie oder nur selten hinterfragt haben und lebten in einem Hamsterrad, ohne das es uns bewusst war.

Menschen, die in Armut leben, befinden sich in einem Zustand von Angst und Mangel. Sie wissen nicht, dass sie alles erhalten können, was sie sich wünschen. Sie kennen das Prinzip der universellen Fülle nicht. Gedanken von Angst und Mangel manifestieren sich bei ihnen genau wie bei anderen die an Fülle und Wohlstand.

Doch in dem Moment, wo es einem bewusst wird, ist es an der Zeit sein Leben selber in die Hand zu nehmen und das glückliche und erfolgreiche Dasein zu kreieren, das einem zusteht.

Alles im Leben ist Energie. Alles im Leben ist Schwingung. Um unser ideales Ich in der Realität zu erschaffen, müssen unsere Gedanken und Gefühle synchron schwingen. Gedanken sind die Sprache des Gehirns. Gefühle die Gedanken des Körpers.

Deine Gedanken beeinflussen deine Gefühle und deine Gefühle beeinflussen wiederum deine Gedanken.

Wenn du z.B. Sorgen hast, fühlst du dich schlecht. Deine Gedanken kreisen um diese Sorgen und je mehr Sorgen du dir machst, z.B. weil eine wichtige Rechnung nicht bezahlt werden kann, desto mehr zeigt es sich in deinen Gefühlen und in deinem Körper. Man bekommt Angst es nicht zu schaffen, und auf einmal bekommen wir körperliche Beschwerden, es wird uns regelrecht schlecht davon. Diese Gefühle wiederum beeinflussen deine Gedanken wie in einer Endlosschleife.

Doch genauso funktioniert es wenn wir glücklich sind. Das ist das, was uns ausmacht.

Das Leben eines Menschen ist das, was seine Gedanken ausmachen.

Marcus Aurelius

Wenn wir diese Prägungen, Glaubenssätze und Regelwerke nicht hinterfragen und ändern, bringt es uns auch nur soweit, was wir glauben und was man uns hat glauben lassen.

Z.B. wenn du glaubst, dass Geld den Charakter verdirbt, kannst du dann guten Gewissens Geld haben? Natürlich nicht, du willst ja ein guter Charakter haben.

Dementsprechend wird das was du anziehst alles sein, nur nicht Geld.

Es gibt auch die, die um das Gesetz der Anziehung wissen, jedoch fragen sie erst wenn sie verzweifelt sind. Das kann nicht funktionieren, denn hier ist die Schwingung Verzweiflung und nicht Fülle.

Wo immer dein emotioneller Fokus liegt, dorthin fließt deine kreative Energie.

Wenn du also in deinem Kopf ein Traumleben hast, Visionen und Ziele, aber in deinem Körper Schuldgefühle aus deiner tiefsten Kindheit, wie Wertlosigkeit, ›Ich bin nicht gut genug‹, ›

Ich verdiene es nicht‹, Ängste, Zweifel und Sorgen mit dir herumträgst, wirst du nur Ereignisse, die du durch diese negative emotionale Schwingung ausstrahlst, empfangen.

Wenn du glaubst für etwas nicht gut genug zu sein oder ›Ich schaffe es sowieso nicht‹, werden sich durch das was du anziehst diese Glaubenssätze nur verstärken, sodass dein innerer Kritiker sagt: „Ich wusste ich bin nicht gut genug …"

Du kommst somit in einen negativen Kreislauf, der sich mit der Zeit verankert.

Das Leben gibt dir recht, immer.

Du musst deine Glaubenssätze transformieren, um dein Leben nach deinen Wünschen zu erhalten.

Aber zuerst einmal: Was wünschst du dir?

Viele wissen, was sie nicht wollen: Ich will nicht krank sein, ich will nicht arm sein, ich will nicht … Ich hätte gern ein Haus, ich hätte gerne einen Partner, ich hätte gern eine Million … ich hätte gern …

Was man nicht weiß ist, dass das alles ein Mangeldenken ist. Und wenn man nicht weiß was man will und wer man ist, kann auch keine Änderung kommen.

Auch kommen viele nicht aus ihrer Komfortzone raus aus Angst vor Zurückweisung. Aus Angst Fehler zu machen. Aus Angst sich lächerlich zu machen. Angst abgelehnt zu werden.

Wenn man erfolgreich ist oder sein will, gehört Ablehnung dazu, man kann es nicht jedem recht machen. Man kann nicht der ganzen Welt gefallen. Ist so.

Fehler gehören aber zum Leben und wir lernen nur durch Fehler.

Mache so viele Fehler wie nötig, um weiterzukommen, aber nicht die gleichen nochmal, denn das hält dich zurück.

Viele beten einen Gott im Außen an, wenn es ihnen schlecht geht oder um etwas zu bekommen oder sich zu beschweren. Sie erwarten, dass jemand, eine höhere Macht, deren Leben ändert. Somit übernehmen sie auch nicht die Verantwortung für ihr eigenes Leben.

Auch vergessen die meisten etwas Grundlegendes: sich zu bedanken.

Und wann hast du dich das letzte Mal bedankt?

Sich zu bedanken bringt eine positive Schwingung in unseren Körper und erhöht diese.

Je höher unsere Schwingung ist, desto weniger negativ und destruktiv sind unsere Gedanken.

Jetzt ist die Chance dafür, deine Zukunft selbst in die Hand zu nehmen. Du musst sie nur ergreifen!

3.Kapitel   lerne dich kennen

Das Problem ist nicht nur, dass man nicht genau weiß, was man will, man kennt sich selber auch gar nicht.

Diese Fragen werden dir helfen dich besser kennenzulernen und dein Selbstbewusstsein stärken. Dadurch, dass du deine Stärken erkennst, erkennst du wo dein Weg dich hinführen wird.

Lerne dich also kennen: Beantworte die Fragen so ausführlich und ehrlich wie möglich, um das beste Resultat für dich zu erhalten. Wenn du das gedruckte Buch vor dir liegen hast, schreib ruhig hier rein, dafür ist es gemacht. Schreib aber am besten mit Bleistift, damit du immer wieder Verbesserungen machen kannst.

Beim eBook druck dir die Seiten mit den Fragen bitte aus, der Vorteil dabei ist, du kannst es öfters ausdrucken. Aber wie du es auch machst, ob im Buch, ausgedruckt oder auf einem neutralen Blatt Papier, wichtig ist nur, dass du es tust, du dir diese Arbeit machst, damit du deinen Traum so bald wie möglich leben kannst.

Dein Selbstbild ist ausschlaggebend für die Verwirklichung deiner Träume.

1. Wer bist du? (Beschreibe dich detailliert)

2. Wer willst du sein?

3. Welche Angewohnheiten würdest du am liebsten aufgeben?

4. Welche Angewohnheiten würdest du am liebsten haben?

5. Welche praktischen Fähigkeiten wünschst du dir?

6. Worauf bist du besonders stolz?

7. Wovor hast du am meisten Angst?

8. Was begeistert dich?

9. Wofür bist du dankbar?

10. Was tust du unfassbar gerne für andere und dich selbst?

11. In welchem Bereich deines Lebens fühlst du dich gerade am besten und warum?

12. In welchem Bereich fühlst du dich am schlechtesten und warum?

13. Was war der schönste Moment deines Lebens?

14. Welchen Rat würdest du deinem 12-jährigen Ich geben?

15. Wie willst du anderen Menschen in Erinnerung bleiben?

16. Was macht dich glücklich?

17. Was macht dich unglücklich?

18. Wen liebst du wirklich?

19. Was gibt deinem Leben einen Sinn?

20. Wonach sehnt sich deine Seele?

21. Was ist dir wichtig?

22. Wieviel Erfolg erlaubst du dir?

23. Wieviel Erfolg kannst du vertragen?

24. Wieviel Erfolg hast du verdient?

25. Liebst du dich?

26. Was liebst du an dir, was macht dich liebenswert?

Verzichtest du auf deine Wünsche für andere? Um es denen recht zu machen? Und wofür, aus welchem Grund?

Weil man geliebt, akzeptiert, angenommen werden will.

Die anderen schätzen und lieben uns immer nur so viel, wie wir es selbst auch tun.

Nur wenn du dich auch liebst, kannst du Geld und Wohlstand anziehen.

Mache Übungen, Meditationen, die dich in die Selbstliebe bringen. Eine Übung, die mir selber auch viel gebracht hat, ist die Spiegelübung:

Schau dich jeden Morgen und Abend im Spiegel an, blick dir in die Augen und sage dir, dass du dich liebst. Schau und verstehe, wie wunderbar du bist, wie schön du bist, wie wertvoll du bist.

Schau auf deinem Weg im Schaufenster dein Spiegelbild an, im Busfenster usw. Sage dir immer wieder, wie toll du bist. Du bist einzigartig. Niemand ist wie du … fühle es in deinem Körper, deinem Herz und in deinen Gedanken. Das ist der Schlüssel.

Dazu gibt es sehr viele Meditationen. Die App Insight Timer hat sehr viele kostenlose Meditationen oder auch YouTube.

Arbeite an dir selbst und transformiere die negativen Glaubenssätze, die sich jahrelang in dir festgesetzt haben. Das ist der erste Schritt.

Denke daran: du bist größer als du denkst.

Nur du kennst die Antwort, also sei ehrlich zu dir selbst. So wird dir bewusst, wie du bist, wie du tickst, was du vermeiden solltest und was du für dich selbst verbessern kannst.

Achte auf deine Gedanken, denn sie werden deine Realität von morgen sein.

4. Kapitel Kläre deine Umgebung

Es ist sehr wichtig, mit welchen Menschen du dich umgibst.

1. Sind es aufbauende Menschen um dich herum oder ziehen sie dich nach unten?

2. Auf welche Menschen kannst du verzichten, weil sie dich nicht weiterbringen? (schreibe ihre Namen)

3. Welche Menschen haben einen guten Einfluss auf dich?

4. Wen fragst du, wenn du Probleme hast? Denjenigen, der weiter ist als du und den Weg schon gegangen ist oder denjenigen, der genauso weit ist wie du? Wer von beiden kann dir weiterhelfen?

Achte auf die Energievampire, die dich runterziehen und entferne sie aus deinem Leben.

Umgebe dich mit denen, die dich weiterbringen. Liebende, positive Menschen, die dich fördern und nicht runterziehen.

5. Kapitel Ziele setzten

Erhebe dich nun aus deinen emotionalen Kreislauf. Verändere dein Bewusstsein!

1. Was ist dein Ziel?

2. Was willst du im Leben erreichen? Was willst du verändern, um es zu erreichen?

Durch die vorherigen Antworten hast du dich selber kennengelernt, mache dich deiner Stärken bewusst, um zu deinem Ziel zu kommen.

Wenn du fliegen willst, musst du loslassen, was dich runterzieht.

6. Kapitel Transformation

Mache dir deine destruktiven Glaubenssätze bewusst:

Definiere was du loslassen willst, z.B. ›Geld macht nicht glücklich‹, ›Ich verdiene nicht genug zum Leben‹, ›Ich bin wertlos‹, ›Ich schaffe es nicht‹ … usw.

Transformiere all das zu idealen Glaubenssätze, z.B.:

›Geld steht mir immer zur Verfügung‹ , ›Ich liebe das Geld‹, ›Ich gestatte dem Leben mich königlich zu bezahlen für das, was ich am liebsten tue!‹, ›Ich bin wertvoll›, ›Gesundheit ist mein natürlicher Zustand‹ oder auch ›Liebe steht mir zu‹ … usw.

Viele Menschen wünschen sich mehr Selbstvertrauen.

Menschen mit wenig Selbstvertrauen glauben von sich aus keinen Erfolg zu haben.

Wenn sie eine Entscheidung treffen müssen, bleiben sie oft stecken, weil sie sich nicht vertrauen und bleiben frustriert zurück, weil sie nicht aus ihren Möglichkeiten schöpfen. Immer wieder fällt ihnen eine Ausrede ein, sie ziehen viele Dinge vor, die sie angeblich noch vorher fertigmachen müssen, um diese Entscheidung so lange wie möglich vor sich her zu schieben und letztendlich sich selbst zu sabotieren.

Ein geringes Selbstvertrauen findet immer eine Erklärung für Misserfolg.

Wenn man z.B. eine gute Note geschrieben hat, erkennt man seinen Erfolg nicht an, sondern schiebt es besonderen Ereignissen zu, der Lehrer hatte einen guten Moment und die meisten in der Klasse haben eine gute Note. Also bin ich nur durch äußere Umstände zur der guten Note gekommen (egal ob man dafür gelernt hat oder nicht).

Immer wenn wir nicht im Selbstvertrauen sind, wird Zweifel erzeugt. Zweifel erzeugt Widerstand.

Menschen mit Selbstvertrauen glauben alles zu schaffen. Sie sind nicht klüger oder begabter als andere, sie geben nur nicht auf. Sind auf das Ziel fokussiert. Sie verwirklichen sich selbst.

Selbstverwirklichung bedeutet das eigene Wesen zur totalen Entfaltung zu bringen, indem wir persönliche Ziele, Sehnsüchte und Wünsche realisieren.

Schreibe eine Erfolgsliste, um dein Selbstvertrauen zu stärken, um später zu deiner Selbstverwirklichung zu kommen.

Welche Erfolge hast du in deinem Leben gehabt?

Schreibe mindestens zehn Erfolge auf (z.B. Bestnote in einem Schulfach …)

Ich habe …

Schreibe deine Stärken auf.

Frage dazu auch deine Familie und deine Freunde, manchmal haben wir eine andere Sicht und sehen unsere Stärken nicht.

Deine Stärken sind das was dich ausmacht und den Menschen, der du jetzt bist respektive den du durch die innere Arbeit an dir selber hervorgebracht hast.

1. Was fällt dir leichter als anderen? (z.B. mit älteren Menschen oder mit Kindern besonders gut umzugehen)

2. Was tust du gerne? (malen, lesen, herumwerkeln …)

3. Welche Aufgaben übernimmst du freiwillig und aus Spaß? (den Hund vom alten Nachbarn abends ausführen, Kuchenbacken fürs Sommerfest …)

4. Welche Komplimente hast du bisher bekommen und wofür?

5. Was stört dich an anderen am meisten?

6. Welche Stärken hast du bis jetzt unter Beweis stellen können?

7. Was bewundern andere an dir?

8. Was lässt dich Zeit und Raum vergessen? (z.B. eine Tätigkeit, die du stundenlang machen könntest)

9. Was kannst du besonders gut?

Nimm drei von deinen größten Stärken und schreib sie hier wieder auf.

1.

2.

3.

Indem du dir deine Stärken immer wieder bewusst machst, wirst du dein Selbstvertrauen aufbauen.

Auch solltest du dir ein Erfolgsjournal zulegen.

In ein Erfolgsjournal schreibt man jeden Tag, welche Erfolge man an diesem Tag hatte, und sei er noch so klein. So kannst du sehen wie du wächst und welche Schritte du machst.

Entweder kaufst du dir einfach ein Heft, wo du jeden Tag die Tageserfolge reinschreibst oder du kannst dir so ein Erfolgsjournal fertig zum Ausfüllen kaufen. Da stehen noch mehr Tipps und Tricks drin. Bei Amazon stehen einige zur Verfügung.

Auch sollten wir lernen, uns kleine Wohlfüllmomente wie Spazierengehen oder ein Abendessen in einem besonderen Restaurant zu schenken. Zeit mit sich selbst zu verbringen ist wichtig für unser inneres und äußeres Gleichgewicht. Und wichtig ist fürsorglich zu sich selbst zu sein.

Um Erfolg, Liebe, Gesundheit und somit Wohlstand anzuziehen, musst du neben deinem Selbstvertrauen auch dein Selbstwertgefühl erhöhen und dich selber lieben.

Es ist wichtig sich dafür zu interessieren, wer man langfristig WERDEN muss, SEIN will, um dieses Ziel zu erreichen.

Was für eine Persönlichkeit musst du sein bzw. werden, um dein Ziel erreichen zu können? Willst du ein kurzfristiges Ziel erreichen oder ein längerfristiges?

Bei manchen Menschen funktioniert die Manifestation von Zielen nicht, weil es ihnen an innerer Stärke mangelt. Sie handeln unbewusst und nicht aus der Mitte heraus. Das ist für mich das Ergebnis aus den ganzen Regelwerken in uns.

Manifestation benötigt Entscheidung, innere Stärke, Aufmerksamkeit, Absicht.

Innere Stärke bedeutet Entscheidungsfähigkeit, Selbstvertrauen, Intuition, den Willen etwas zu verändern.

Es geht nicht darum, was du erreichst, sondern wie du es schaffst, deinen Zielen näher zu kommen. Dafür musst du dein Denken, dein Verhalten, deine Persönlichkeit und deine Willenskraft weiterentwickeln.

Innere Stärke entwickeln wir, wenn wir bereit sind, auch unsere Schwächen anzunehmen. Schwierige Situationen lassen dich wachsen, mehr Widerstandskraft und Selbstvertrauen entwickeln.

Mit einem starken Selbstvertrauen kannst du die Veränderungen in deinem Leben auch gegenüber den anderen, die dich von deinem Weg wegführen wollen, verteidigen.

Selbstvertrauen aufbauen heißt mit Zuversicht seine Träume zu verwirklichen.

Es heißt sich selbst zu vertrauen und auf seine Intuition zu hören. Sich seine eigene Meinung bilden und vertreten.

Solange du die Entscheidungen deines Lebens auf die lange Bank schiebst, wird es schwierig werden, dein Selbstvertrauen aufzubauen.

Du musst zu deinen Schwächen stehen und sie annehmen und somit deine Stärken aufbauen.

Schwierige Zeiten lassen uns Entschlossenheit und innere Stärke entwickeln.

Dalai-Lama

Wenn du in eine depressive Stimmung kommst, musst du deine Schwingung erhöhen, denn je höher deine Schwingung ist, desto positiver bist du und destruktive Gedanken können sich nicht formen.

Versuche doch mal zu lachen, froh zu sein und gleichzeitig destruktive Gedanken zu formulieren ... Eben, es ist nicht möglich.

Wenn du also depressiv bist, höre schöne Musik und fange an zu tanzen oder zu singen. Schaue dir eine Komödie oder was dir sonst noch einfällt.

Bewege dich mit Menschen, die dich stärken. Fokussiere dich auf das Gute in deinem Leben und nicht auf das, was dich herunterzieht.

Erfolg ist, was du aus dir machst.

Was braucht man, um sich seinen Traum zu erfüllen? Ein loderndes Feuer, eine Leidenschaft.

Wofür brennst du? Versuchst du ohne Erfolg dein Ziel zu erreichen?

Oder ist und war bis jetzt nicht ganz klar, wohin dein Weg gehen soll?

Für ein glückliches Leben, mehr Wohlstand und mehr Erfolg braucht man ein Ziel. Wo willst du in einem Jahr sein? In fünf Jahren und in zehn?

Wenn du in ein Taxi steigst und dem Taxifahrer keine Adresse, kein Ziel angibst, wo fährt er dich hin? Er bleibt entweder stehen oder fährt ziellos umher. So ist es auch im Leben: Wenn du kein Ziel hast, wirst du da stehen bleiben, wo du jetzt bist.

Jedoch solltest du deine Ziele, dein Verhalten und Denken verändern und optimieren.

Die Aufgabe deiner Ziele ist es also in Wahrheit, dass du deine Routinen und täglichen Gewohnheiten prüfst. Bringt dich das, was du täglich tust und die Qualität wie du das tust, deinem Ziel näher, oder treibt es dich von der Zielerreichung eher weg?

Stell dir dazu die richtigen Fragen, die dich in die Aktion bringen. Keine Opferrolle! Kein Selbstmitleid! Keine Schuldigen suchen! Keine Ausreden! DU bist es, der etwas verändern kann und auch verändern muss, wenn sich etwas verändern soll. Deswegen stelle dir die richtigen

Fragen, die dein Denken und dein Verhalten reflektieren und dazu führen, dass du deine Denk- und Verhaltensmuster verbesserst.

Es soll dir einen Hinweis darauf geben, dass du deine Verhaltensstandards und auch dein Denken womöglich ändern musst, um weiter vorwärts zu kommen. Schreibe alles auf, was du täglich tust und wie du es täglich tust. Überlege, was du tun müsstest, um deine Ziele zu erreichen.

1. Wofür brennst du?

2. Was ist dein Ziel? (ist es noch das gleiche Ziel?)

3. Wo willst du sein in einem Jahr? Schreib so detailliert wie möglich

4. Wo willst du in fünf Jahren sein?

5. Wo willst du in 10 … 15 … Jahren sein?

Es gibt keine Grenzen.

Weder für Gedanken, noch für Gefühle.

Es ist die Angst, die immer Grenzen setzt.

Ingmar Bergman

Geld hat eine eigene Intelligenz und ist keine Schulintelligenz.

Man muss nicht an der Universität studiert haben, um reich zu sein.

Wohlstand ist eine Gefühlssache, man muss sich reich fühlen und nicht hart arbeiten, denn Geld ist eine Schwingung genau wie unsere Gedanken.

Die Gefühle, die du zu deinen Gedanken machst, werden sich manifestieren.

Hier eine Geschichte, die ich vor längerer Zeit irgendwo gelesen habe, leider weiß ich nicht mehr wo, aber die Geschichte ist mir haften geblieben.

Die Eltern eines kleinen Jungen bekamen nach einer Untersuchung ihres Sohnes eine schreckliche Diagnose. Der Kleine hatte einen aggressiven Tumor im Kopf und die Ärzte wussten nicht, ob sie ihm helfen konnten. Sie versuchten, dem Jungen die Nachricht schonend beizubringen, denn er musste den ganzen Ablauf der Krebstherapie durchlaufen, jedoch war keine OP möglich. Der Junge, ein Star Wars-Fan, sagte, dass er es sowieso schaffen würde, denn er würde seine Star Wars-Männchen in seinen Kopf schicken, damit sie mit dem Laserschwert alles Böse entfernen. Der Arzt begrüßte diese Geschichte und machte eine Aufnahme vom Tumor, nach drei Monate machte er noch eine Aufnahme und der Tumor war ein ganzes Stück kleiner geworden. Nach einem Jahr war der Junge vollkommen geheilt.

Was war passiert? Der Junge glaubte felsenfest daran, dass er den Tumor besiegen konnte. Ohne Zögern, ohne Zweifel schickte er tagtäglich eine Armee in seinen Kopf, die das Böse besiegen würde. Die Eltern unterstützen und bestärkten ihn pausenlos.

Das, was sich wie ein Wunder anhört, war die Manifestation eines Zieles.

Ein jeden geschehe nach seinem Willen.

1. Wie schaffst du jetzt deine Wünsche zu erfüllen?

Das Beste ist: Egal wie aussichtslos die Situation zu sein scheint, es ist ohne jede Bedeutung.

Du kannst es jetzt ändern, indem du den Weg zu Wohlstand und einem erfüllten Leben sicher gehst.

Wie ich schon sagte, es ist wichtig seine Gedanken und seine Gefühle zu kontrollieren. Es ist nicht möglich sich vorzustellen, wie reich oder insgesamt erfolgreich man ist, wenn die Gefühle uns etwas anderes sagen. Beides muss im Einklang sein.

Wenn du dir sagst: Okay, aber ich weiß nicht woher etwas kommen soll, bei meiner Arbeit … oder auch, weil du zurzeit keine wirkliche Perspektive zu haben scheinst. Tue einfach so als ob.

Alles andere sind Sabotageaktionen, die dich daran hindern, dir zu deinem Leben optimalen zu verhelfen.

Sobald so ein Gefühl aufkommt, lass es kurz rein, fühle es, erkenne, dass du es nicht mehr brauchst und lass es dankend los. Transformiere es und geh weiter.

Denn unterdrückte Gefühle können dich daran hindern, ein Leben in Fülle zu leben.

Bei einem emotionalen Film führt die Handlung dazu, dass man Tränen in den Augen hat oder zumindest nicht unberührt bleibt. Obwohl wir wissen, dass es nur eine Rolle ist, eine Fiktion. Trotzdem kannst du deine Gefühle nicht ganz unter Kontrolle halten, wir fühlen mit, als wären wir mittendrin. Das Gehirn kann nicht zwischen Realität und Fiktion unterscheiden, es kommt auf die Gefühle, auf die Emotionen an.

So musst du in die Rolle deines Lebens schlüpfen. Schreibe das Manuskript dazu!

Verstehen kann man das Leben rückwärts, leben muss man es aber vorwärts.

Søren Kierkegaard

Um dein Leben zu ändern brauchst du:

° Entspannung

° Vorstellungskraft / Visualisierung

° positives Bewusstsein

° Fokus

° Glaube

° Aufmerksamkeit

° Achtsamkeit

Du musst dich entspannen können, mache Meditationen helfen dabei, zur Ruhe zu kommen. Wenn deine Gedanken sich permanent z.B. um eine Rechnung, die du zahlen musst drehen, kommt keine Entspannung auf und das was du ändern willst, wird nicht klappen.

Lege deinen Fokus auf die Lösung und nicht auf das Problem.

Erst wenn du zur Ruhe kommst, deine Gedanken nicht mehr um Probleme kreisen, kannst du anfangen zu kreieren.

° Vorstellungskraft / Visualisierung

Um dir deine Wünsche erfüllen zu können, musst du es dir genau vorstellen, du musst dich in dieser neuen Rolle sehen.

Wenn du meinst du kannst nicht visualisieren, kannst du es üben.

Das ist eine Fähigkeit die uns angeboren ist, durch Übungen kannst du es leicht wieder aktivieren.

Schau dir einen Apfel an, schließe deine Augen und siehe diesen Apfel vor deinen geschlossenen Augen an. Welche Farbe hat er? Ist er groß oder klein? Kannst du ihn riechen? Schmecken?

Was kannst du noch dazu sagen? Wenn du es geschafft hat, kannst du es auch mit anderen Gegenständen machen. Danach auch mit deinen Kindern, Familie oder Freunden, stelle sie dir vor deinem inneren Auge vor. Welche Haarfarbe, Hautfarbe haben sie, sind sie klein, groß usw.?

Erinnerst du dich an deinen letzten Urlaub ? An das Hotel oder einen bestimmten Strand?

Jetzt kannst du dir dein zukünftiges Leben visualisieren.

° Positives Bewusstsein

Sei positiv, fühle positiv. Mach dir bewusst, dass alles da ist. Immer. Freue dich auf das Leben und sei dankbar. Schon allein dadurch, dass man dankbar ist, wird sich dein Leben ändern und Fülle anziehen.

Sei dankbar auch für das was war, denn die Vergangenheit und die Gegenwart sollten so sein, wie sie waren und sind. Es gibt keine Zufälle, keine ›Hätte sein können …‹ So wie du bist, so wie es ist, ist es richtig.

Und jetzt hast du es in der Hand deine Zukunft zu gestalten, wie du möchtest, wie sie sein soll. Oder weiterzumachen wie bisher. Du entscheidest. Auch wenn du noch nicht dort angekommen bist, wo du hinwillst, sei trotzdem dankbar und positiv. Die positive Ausrichtung deiner Gedanken zieht automatisch Fülle in dein Leben. Fange an dankbar für das was du hast zu sein. Dafür, dass du ein Dach über dem Kopf hast, dafür dass du tagtäglich etwas zu essen hast, dass es deine Kinder, deiner Familie gut geht usw.

Für was bist du noch dankbar?

Ich bin offen und bereit zu nehmen und zu empfangen, ich bin offen für Veränderungen.

° Fokus

Fokus ist eine zielgerichtete und willentliche Ausrichtung auf ein bestimmtes Ziel.

Richte den Fokus auf das was gut läuft und du schon hast.

Der Körper nimmt durch seine Sinnesorgane pro Sekunde rund 11.000.000 Bits an Informationen wahr. Bewusst verarbeiten können wir davon jedoch nur 40 bis 50 Bits. Die restlichen Reize werden im Unterbewusstsein verarbeitet.

Es hängt von deinem Fokus ab, welche Reize du bewusst wahrnimmst. Durch deinen Fokus erschaffst du dir deine eigene Realität.

Das, worauf du deine Konzentration / Fokus legst, verstärkt sich.

Wir können unser Leben verändern, indem wir unseren Fokus verändern

Die meisten Leute richten den Fokus auf das, was sie nicht haben oder gerne hätten.

„Wenn ich (… Geld, anderen Job, Partner usw.) habe, dann bin ich glücklich".

Dies liegt oftmals an unserer Erziehung, da wir es von unseren Erziehungsberechtigten nicht anders gelernt haben.

Du hast jedoch die Möglichkeit, dich bewusst zu entscheiden, worauf du deinen Fokus legen willst: Auf das, was dir fehlt oder auf das, was du bereits hast.

Legst du deinen Fokus bewusst auf die Dinge, für die du jetzt bereits dankbar sein kannst, wird dir nach und nach immer mehr auffallen, für was du dankbar sein kannst.

Somit lenkst du die Aufmerksamkeit weg von den dir nicht dienlichen Mustern.

„Sei dankbar für das, was du hast, dann wirst du am Ende mehr haben. Wenn du dich darauf konzentrierst, was du nicht hast, wirst du niemals genug haben."

Oprah Winfrey (amerikanische Talkmasterin und Unternehmerin)

° Glaube

Glaube versetzt Berge.

Versetze die Berge deiner Limitierung, deiner nicht mehr benötigten Glaubenssätze.

Sei standhaft in deinem Tun. Ohne Wenn und Aber.

Glaube, dass du ein besseres Leben verdienst. Arbeite unbeirrt an deinem Manuskript des Lebens.

Gehe unerschütterlich deinen Weg.

° Aufmerksamkeit

Aufmerksamkeit ist eine Fokussierung der <u>Hirnaktivität</u> auf bestimmte Gedanken, Gefühle, Wahrnehmungen oder Handlungen. Aufmerksamkeit erfolgt durch geistige <u>Konzentration</u>.

Worauf du dich also fokussierst oder deine Aufmerksamkeit lenkst, das manifestiert sich.

° Achtsamkeit

Achtsamkeit heißt voll im diesem Moment zu sein, im Jetzt.

Achtsam sein heißt, dass du dich selbst und deine Umgebung beobachtest, du kannst bewusst deine Handlungen lenken. Du siehst die Dinge aus einer höheren Perspektive an, ohne die Bewertung, durch die man sich sonst im Alltag vom Unterbewusstsein berieseln lässt.

Gezielte Achtsamkeit ist wie ein Wundermittel, es macht dein Leben besser.

Du kannst mit bestimmten Methoden Achtsamkeit üben, z. B. mit Meditation oder dieser kleinen Übung:

Lenke deine Gedanken auf ein Bild oder ein Wort deiner Wahl und bleibe dabei. Wenn deine Gedanken abschweifen, lenke sie wieder zurück. Wichtig ist, deine Gedanken und Gefühle nicht zu bewerten. Nur wahrnehmen. Nur beobachten. Nicht verurteilen. Erkenne die Gedanken einfach nur kurz an, leg sie zur Seite oder einfach vorbeigehen lassen. Und richte dann deine Aufmerksamkeit wieder zurück auf den Punkt.

Steigere deine Zeit von 5 bis zu 30 Minuten.

Es gibt hierfür noch viele Übungen, die du gut im Netz bekommen kannst.

Beobachte, was sich in deinem Leben verändert und schreibe es immer wieder auf. So bekommst du immer mehr ein Gefühl dafür, was oder ob sich schon etwas verändert hat ... oder gibt es irgendwo einen Stillstand? Dann gehe nochmal alles durch. Man muss seine Komfortzone verlassen, damit sich was bewegt.

Mein Manuskript

Schreibe hier nochmals deine Ziele auf, detailliert.

Hast du noch die gleichen Ziele wie am Anfang?

Oder hat sich dein Weg dein Ziel geändert oder ist es klarer geworden?

(schreib alles auf was sich verändert hat, oder was nicht und warum)

Was gibst du der Welt / der Menschheit damit zurück?

Beobachte, was sich in deinem Leben verändert und schreibe es immer wieder auf. So bekommst du immer mehr ein Gefühl dafür, was oder ob sich schon etwas verändert hat ... oder gibt es irgendwo einen Stillstand? Dann gehe nochmal alles durch. Man muss seine Komfortzone verlassen, damit sich was bewegt.

Visualisierungs-Meditation

Mache diese Meditation morgens und abends mindestens 21 Tage lang.

So lange braucht das Gehirn, um neue neuronale Verbindungen zu knüpfen.

Das ist eine Programmierung des Gehirns auf ein höheres Level.

Du kannst leise Meditationsmusik im Hintergrund laufen lassen oder auch ohne durchführen.

Am besten nimmst du eine Musik, um die Dankbarkeit zu steigern. Das hilft dir bei deiner Visualisierung.

Lege oder setze dich bequem hin. Atme ein paarmal tief ein und aus. Beobachte ein paar Minuten lang deine Atmung. Wie du die kalte Luft durch die Nase einatmest und warme Luft wieder ausatmest.

Entspanne deinen ganzen Körper, lass dich einfach gehen.

Gehe mit deiner Aufmerksamkeit ins Zentrum deines Seins (Herz, Solarplexus oder Bauch, was für dich stimmig ist).

Atme in dein Zentrum hinein. Fühle die Ruhe und die Liebe.

Gehe jetzt mit deiner Aufmerksamkeit zum drittem Auge hin.

Visualisiere dich in dein neues Leben … sei es ein neuer Job … ein neuer Partner …Wohlstand … Alles das, was du als dein Ziel siehst.

Fühle die Dankbarkeit, die Liebe. Fühle, wie du endlich angekommen bist. Lache, lebe das Leben.

Verbleibe dort solange du kannst und möchtest. Wichtig sind die Gefühle dabei.

Möchtest du einen neuen Job? Visualisiere wie es sich anfühlen wird, wenn der Chef dich in seiner Firma willkommen heißt. Oder wie dich der Partner umarmt. Fühle, sehe, freue dich.

Komme danach langsam zurück.

Wichtig ist auch nach der Meditation, in diesem Zustand zu verbleiben. So oft es geht, tu so als hättest du das alles schon. Es gibt kein Später. Alles ist jetzt. Mache weiter mit deiner Transformation, erhöhe deine Schwingung, sobald sie tiefer geht. Gib nicht auf … und du wirst jeden Tag sehen, wie sich dein Leben verändert, positiver, besser wird. Sei dankbar, es ist dein Leben.

Ich hoffe, dass dir dieses Buch geholfen hat, ein Stückchen weiter ein besseres Leben zu gestalten.

Danke, dass du dich darauf eingelassen und mir Vertrauen geschenkt hast.

Auch wenn dieses und andere Bücher dieser Art jemandem helfen weiterzukommen, brauchen einige von uns jemanden, der eine andere Sichtweise / Perspektive hat.

Solltest du dir über einige Dinge nicht im Klaren sein oder wenn du Anregungen brauchst, damit du es schaffst, ist ein Coach der richtige Ansprechpartner. Du hast hiermit trotzdem einen Anfang gemacht. Gratulation zum neuem Leben!

Hast du Fragen oder brauchst du Hilfe, schreib mich gerne an unter:

oriana@mindsetportal.de